愛のでたらめ

土岐麻子

はじめに

私が2015年に発売したアルバム「Bitterseet」は、〝女は愛に忙しい〟というサブタイトルがくっ付いた曲から始まります。

日々、恋愛に仕事に、愛の出番は引っ切り無し。

しかし愛ゆえの面倒なことになったりもして、じゃあ本当の愛ってなんだろうと自問自答し、ああ、なんて愛がないのだ！　と世の中に絶望し、ていうか愛なんてなければラクなのによう、と自暴自棄になり、そんなとき友人からの愛のある説教に助けられて、そしてまたつまらない自己愛にもがいたりする、本当に愛に忙しかった不惑目前の私をモデルにした1枚でした。

作品のなかではそんな愛のクソミソを整理して洗練させた言葉がならんでいますが、この本では、それ以前にツイッターやインスタグラムに散らかした言葉や絵を中心に編集されています。

いわば「Bittersweet」の楽屋裏。

こういう本を出しましょうとご提案いただいたときは、正直、無防備な言葉が多過ぎて恥ずかしいと思いましたが、読み返すうちに、かつて授業中にクラスメイトとやりとりしていた手紙のことを思い出しました。
「ねむいー」だの「退屈ー」だの「アイス食いたいー」だの、なんてことのないくだらない瞬間の叫びなんだけど、いつしか蝉丸並みの名句が飛び出したり生きることの意味やら宇宙の法則やらに発展したりして。
ヒマな時間ととりとめのない会話って、けっこう大事だと思うのです。大人になったいま、ああいう貴重なダベり方はなかなか出来ないけど、この本が、あなたの話し相手になれればと思います。

とりとめのない言葉と、でたらめな愛で、端正な明日がやってきますように。

土岐麻子

もくじ

ほっとけーき

「ほっといてくれた」ぶんだけ、
いつか男の人は女の人を信頼し、
「ほっとかれた」ぶんだけ、
はやく女の人は男の人から心が離れる。

どっちも真理。
合わないようにできてるんだな。
簡単に合っちゃったら
文化は衰退するんだきっと。
ドラマにならない。
歌も生まれない。

私はただ、ほっとけーきが食べたい。

ビニール袋

キャリアウーマン風な女性が
破ったビニール袋（マチなし）をかぶって、
キリッとした表情で歩いていた。

タイムマシン

好きな人と出会った日のことを思い出すと、
私はいつも素敵な気持ちになる。

タイムマシンで何度もその日に出かけたい
という歌詞を書いたこともある。

別れは虚しい。
でもいつか時を経て変わった自分が、
時を経て変わった彼と、
もう一度〝初めて〟出会える可能性をもらったんだと思うと、
人生はきっと楽しい。

貝

私は貝になりたい。
でも巻貝はちょっと違う。

↑型

割れた。
悲しい。
しかし↑型だから、よしとする。

5月

気持ちよさそうなので、仕事をやめて外に出たいが、
いま出てしまったら夏に出られなくなるから、出ない。

渋谷駅

渋谷駅で終電を降りてそのまま、
誰もいない構内の窓から、
下にひろがるスクランブル交差点を見物。
雨にけぶってなんとも言えぬ雰囲気。
しばらくしてふと気付くと、
横に同じように街を見つめる人が5人も。
全員無言で、全員住所がない人だった。
一瞬みんな同じ気分のように思えて嬉しかったけど、
きっとそれぞれ違うんだろう。

12月

結露越しの12月2日。
部屋の中はまだ12月1日。

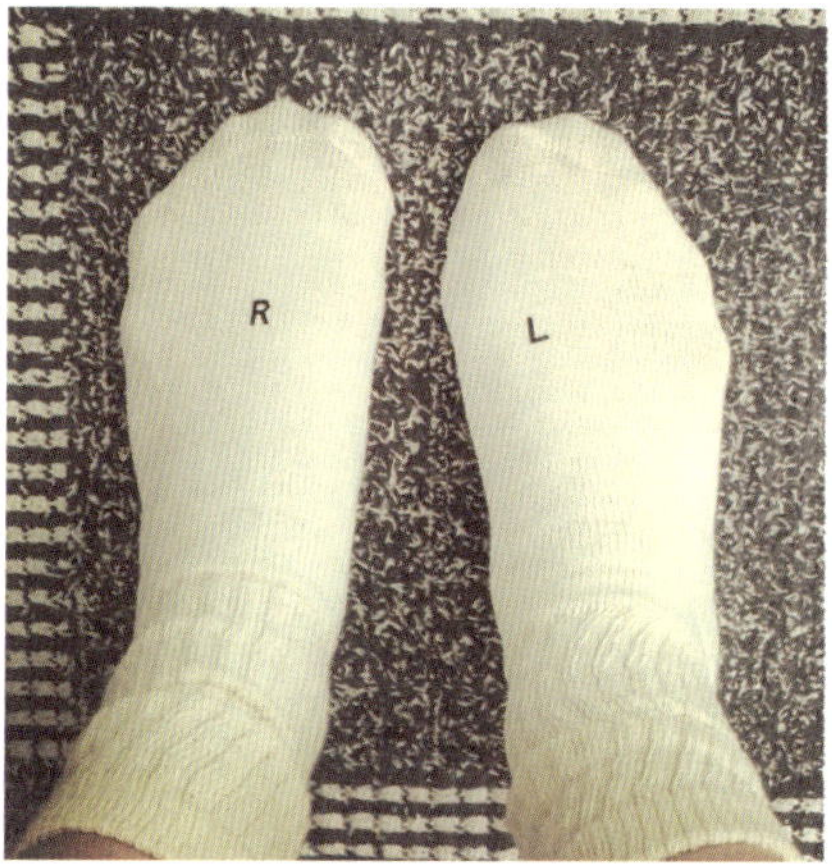

反抗

乙女達よ！

「今頃あの人どうしてるかしら……」と胸をつぶしていたとき、
「まあ、どうしてるって、いつものように鼻毛を出しているだけだな」と思ったら、
途端にラクになったことがありました。
乙女達よ、そんなもんだよ☆

素麺と天ぷら

明日は素麺と天ぷらにする。
本当はいますぐ食べたいけど、
いま食べたら数日後の悲しみになるから。

初夏

仕事に行く途中、
透明感あふれる初夏の女の子たちとすれ違った。
それを見るベタ塗りの私。

自撮り

電車にて、
12回撮り直ししていた女の子たち。

電車

電車で音楽を聴くとグッとクリアに、
そして感情的に聴こえる。

音楽は一瞬の連続だけど、
電車では窓の外の景色も
どんどん後ろにすっ飛ばされてゆくもので、
一瞬を強く感じるから、 相乗してるんだ。

一瞬を連続で実感することは
生きていることを実感するのと同じだ。
きっと。

宇宙

ひろい宇宙でひとりぼっち
……かと思ったけど、
意外とみんなそんなものかも。

ひしめき合ってにぎやかに見える星達だって、
お隣さんは何万光年離れていて、
きっとひとりぼっちだと思ってる。

三大虚しいこと

この世の三大虚しいことといえば、失恋、裏切り、ナチュラルローソンの閉店。
それぞれの虚しさを埋めるのは、新しい恋、新たな絆……。
しかし最後の項目だけは容易ではない。
そこにはだいたい100円ローソンが建つ。

ドライヤー

おはようございます。
ドライヤーが火を吹きました。
そしてもう動いてくれない……。
いままでありがとう。
乾かないから、頭を振りながら仕事に行くね。

ブレスレット

切れちゃった！
ミサンガの考え方だと、
願い事が叶うとき！　と
即答してくれた友達を
私は好きだなあと思いました。

ずっといる

高校のときからずっと、部屋のどこかにいる。

電球

電球を替えることがどうしてこんなに嫌なんだろう。
海に向かって叫びたいくらい嫌だ。

ワ——!!

成長

30歳になったときは20代を、
20歳になったときは10代を見て劣等感を感じ、
いつも「時すでに遅し」感とともに生きてきました。
もったいないことした……って、
また10年後に思わないように
中身を年相応に成長させたいものです。

飛行船

近所の人から飛行船が出現したと聞き、
私も外に出たけど
既に消失……。

あきらめて地下に入ったら、
また現れたとの報告。

今日はきっとツイてない。
近所の人はツイている。

私も見た――――！

夢

寝てた。

インスタグラムで失言したり、
ステージ上でトロンボーンのソロ中に、その前を横切ったり、
許せないことをしてしまう夢を見た。
似たようなことは3度続くので、あと1回は現実でやっちゃいそう……。

ひよこ劇場
みちこ
35歳 OL
ひよこ
♂ みちこの同居人
恋人？ 友達？
作・画 土岐麻子

来世

生まれ変わったら、次は仲間になりたい。

スマホ飯

うわのそら
聞いてるの？

映画

映画の前半、
2人とも、意識の6割はポップコーン。

映画の後半、
泣いているのは、お互い気付かないふり。

チーズ

人の手を借りてまで、
チーズの伸びを楽しみたい。

怒り

レベル1

レベル2

レベル3

変顔

変顔はやさしさ。

店員

声が小さい店員さん。
すぐ顔に出るひよこ。
それが面白いみちこ。

ピアニッシモ

曲がかけない！

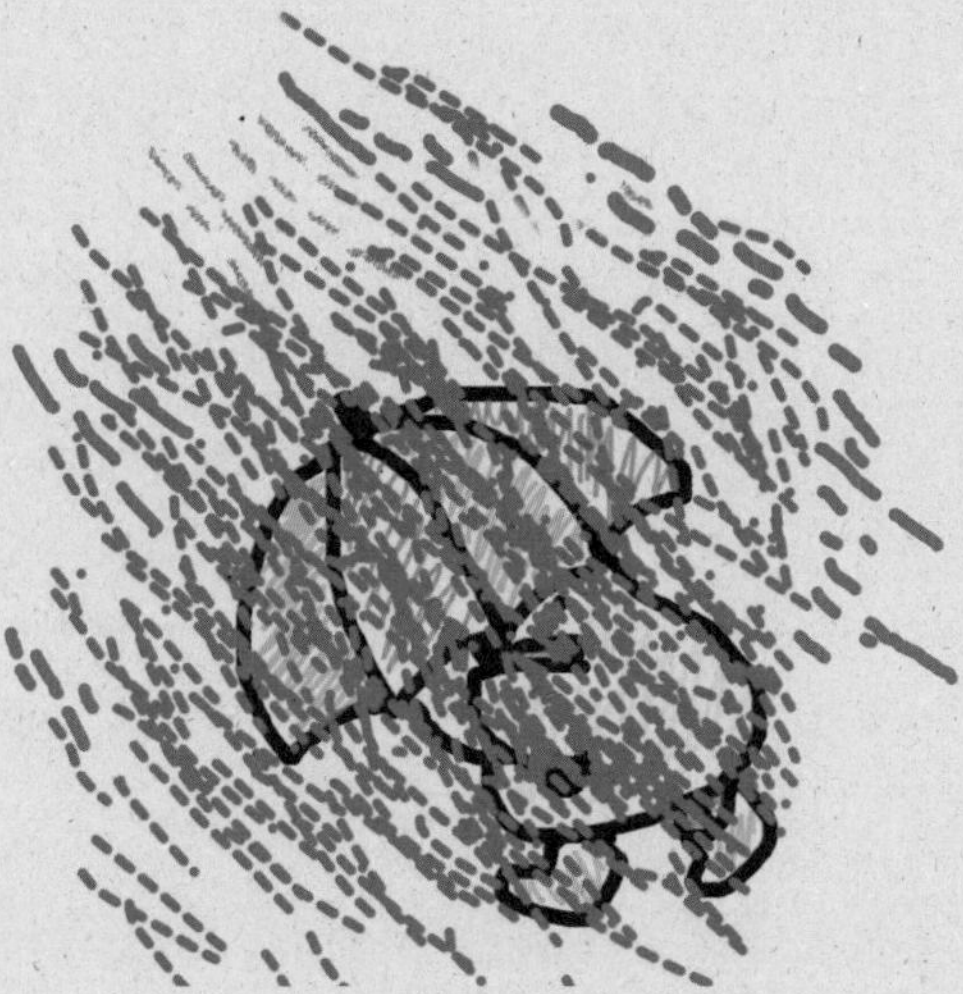

見える

私はときどき、
自分の姿が見えなくなる。

しかし見えなくなったぶんだけ、
よく見えるのだ。

ロンドン

みちこ「あ……、今日ロンドンの匂いがする」
ひよこ「フン」

対談　ジェーン・スー×土岐麻子
私達はよくも悪くも、人前に出て「とにかく私を見て！」というのが本当に苦手

ジェーン・スー

作詞家・コラムニスト
1973年東京都生まれ。TBSラジオ「ジェーン・スー　相談は踊る」、ソラトニワ原宿「ORDINARY FRIDAY～つまりシケた金曜日～」などでパーソナリティとして活躍中。Tomato n'Pineの楽曲の作詞＆プロデュース、Neggico「ときめきのヘッドライナー」の作詞などを手がける。土岐麻子のアルバム「Bittersweet」でコンセプトプロデューサーを務め、オープニング曲「セ・ラ・ヴィ　～女は愛に忙しい～」の歌詞を土岐と共作。著書に『私たちがプロポーズされないのには、101の理由があってだな』、共著に『ジェーン・スー　相談は踊る』（以上、ポプラ社）など。2015年『貴様いつまで女子でいるつもりだ問題』（幻冬舎）で講談社エッセイ賞を受賞。

苦手なことを
仕事にしています!?

スー　土岐さん、本当はいまの仕事が苦手なんですよね。

土岐　そうなんです（笑）。歌うこととか人前に出て喋ることがずっと苦手で、なんでこれが仕事なんだろうって思うんです。「苦手」と「好き」は違うから、結局、好きなんですよね。苦手だからなかなかうまくできないぶん、のびしろがある、と言うと自分でも変なんですけど。

スー　もともと、Cymbals★1のリードボーカルで、デビューが決まったとき、苦手だってわかっててやりはじめたんですか？

土岐　バンドで楽器を弾くとか、みんなで何かをやることは、すごく好きだったんです。でも真ん中に立って歌うことは、考えられなかったですね。

スー　よく辞めなかったですね。

土岐　それが、レコーディングで歌うことの面白さをすごく感じてしまって……。それまでギターで音を作ったりすることが好きだったんですけど、技術がなくて、思い通りに弾けない。それが歌だと、「コントロールできるな」と思っちゃったんです。それで自分を一番表現できる、自分がワクワクできるんじゃないかと。就職活動もしましたけど、内定をもらったのはテレビ番組の制作会社で、裏方の仕事でした。それが大学卒業で、バンドのメジャーデビューと就職、どっちにする？　ってなったとき、要は一緒のことだなと思ったんです。表と裏で全然真逆なんだけど、〝一員になって何かを作る〟のは同じだなと。だけど、バンドの方が、分母が少ない。私がいなくては絶対に成り立たないものだったから、バンドを選んだんです。スーさんは言ってみれば、いま裏方から表方になってるわけですよね。気持ちの整理としてはどうですか？

スー　レコード会社で宣伝の仕事をやっていたときに、新人アーティストのラジオ収録や雑誌インタビューに立ち会って、「なんでもっと真面目にやらないんだろう」「もっと芯を食った話をしないんだろう」と思っていたんです。でもそれは得意不得意があることで、自分がラジオに出る側になってから、意外と私はこれが得意なんだとわかったとはいえ、人前に出て、「とにかく私を見て！」というのが本当に苦手なんですよね。自己顕示欲がよくも悪くも少ない。土岐さんと私はそこがたぶん似ていると思うんですけど……。

土岐　そうですね。そこの責任をあんまり負いたくない（笑）。

スー　ヴィクトリアシークレットのモデルをやって、ランウェイ歩けって言われたら、土下座して逃げる感じ（笑）。

土岐　それは土下座しますよね（笑）。

スー　売り上げをどんどん作っていくことが大命題であるならば、著者が人前に出るほうが販売促進にはなるんですけど、苦手。本を発売したとき、著者が説明してくださいと言われて、それをヤダとは言えないですけどね。自分が宣伝の仕事をやっていただけに、必要性もわかるので。

土岐　「こういう風にしたら売れる」というのが、本を出すときは、わりと一人でコントロールできて、狙い通りになったので、自分のプランやリサーチが間違ってなかったんだっていう喜びがあったって、前に言ってましたよね。

スー　そこは嬉しいです。人と物を作る楽しさはもちろんあるんですけど、一定以上の動きを周りがしなくても、あんまりそれを糾弾できない。みんなで一緒にやる醍醐味《だいごみ》と、十分に協力しきれず思い通りにならないときの「チッ！」という気持ちは、いつもセットですから。本は発売するまでは最少人数で作れるので、それはありがたいですね。

土岐　でも、急に表に出るようになっても、スーさんは雰囲気も声色も変わらない。

スー　もうちょっとちゃんとしてくださいって言われることも（笑）。私がメガネ販売会社で働いていたときに、メガネにまつわるコンピレーションCDの仕事をお願いしたのが、土岐さんに会った最初でしたね。

土岐　その後、ジェーン・スーさんっていう人のラジオに出ることになって、まだその頃のスーさんは、顔もあんまり出してなくて、どんな人なのか謎だったんです。そしたら、「知ってる人でした！」っていう（笑）。

スー　その節はお世話になりました。

土岐　伝わり方や、やることは表方と裏方では違うんだけど、スーさんにとっては同じ。ブレがないんだと思います。

スー　物を作るのはとても好き、世の中に出して人から評判を聞くのもすごく好き、だけど、人前に出て「これ私の！」ってやるのは、本当に苦手という……。本当は厨房でシェフとかやっているのがいいんでしょうね（笑）。

土岐　オープンキッチンじゃなくてね。

スー　いまは料理を自分で人前に出さなきゃいけない仕事なんですよね。40歳近くなってから、なんでこんなことになっちゃったんだろうって気はします。

おたくになれないことが
コンプレックスでした

スー　私達は、「おたくじゃない」っていう共通点もありますよね。おたくになれないことがコンプレックスであるくらい、知識や物の蒐集癖《しゅうしゅうへき》はないですね。それがアイデンティティになっている人が、女も男もすごく多いです。

土岐　私も、20代の頃は、おたくじゃないことがずっとコンプレックスで、仕事がやりづらいなって思ったこともありました。おたくじゃないから、立派なことが言えないというか……。

スー　「おたく偉い」っていうの、本当に勘弁してって感じですよね（笑）。

土岐　いまはそう思うんです。でも、当時はスタッフもメンバーも若い人が周りに多かったので、おたくを競う感じがあって。特にそういう時代だったからか、苦手なことばっかりにフォーカスが当たっちゃった時期がありましたね。そのときは、転職しようかな、と思ったり（笑）。スタイリストさんに、話を聞いてみようかな……、なんて。

スー　ほんとに転職（笑）。

土岐　でも、仕事って絶対に得意なことだらけじゃないですよね。特に働きはじめの頃は。あの時に負けてなくてよかったなと思います。当時の幼い精神状態では、転職できたとしても苦手なことがいっぱいあったのではないかと。

スー　向き不向きって、自分自身の問題が大きかったりしますからね。

スー　社会に出て、仕事に就いて、
自分の言葉で話せてる？

土岐　Cymbalsのとき、インタビューで不意に、「好きな映画はなんですか？」って聞かれたことがあったんです。他のメンバーは、すごい知識量と巧みな言葉で、それぞれ3000字くらい喋る勢いで、ゴダールの作品とか気の利いたことを答えていたんだけど、私は音楽の知識でもいっぱいいっぱいで、背伸びしていたのに、映画のことなんてわかんねえよ！（笑）と思って、「ジュラシックパーク！」って言ったんです。そしたら案の定、メンバーの2人はシーン……となったんですけど、そのときすごくスッキリしました（笑）。

スー　『ジュラシックパーク』で別にいいですよね！

土岐　いまはそういうことを、奇を衒《てら》った答えとも思わずに言えるようになったから、自分の言葉で話せるっていいなって思うようになりました。でも、みなさん社会に出て、最初から自分の言葉で話せている感覚ってあるのかなって考えるんです。OLさんとかも、私がインタビューで脂汗をかいていたようなことと、なんら変わりないような戸惑いを持っている人が、すごく多いのでは？　と思うんですね。そう考えてみると、私の作品を自分のパートナーみたいに思ってくれる女の人が多いのは、私が探ってきたことを正直に言ったり歌うだけで、役に立つと思ってくれる人がいるってことなんだな、って気付きはじめて。「Bittersweet」では、ささいな、人に話さないモヤモヤした気持ちも、正直に書いてみようと思ったんです。

スー　土岐さんが私と一緒にアルバムを作りたいって言った時点で、ある種、良質なポップスの代弁者的な、ステレオタイプを被せられているものとはちょっと違う、血管が見えるものがやりたいんだろうなと思いました。

土岐　スーさんと一緒に食事に行くたびに、極めて個人的な、答えも出ていないような話をしていて、「土岐さん、そういうのを歌にしたらいいじゃん」って、よく言ってくれてたんです。そんなことが歌になるのかなって、最初は思っていたんですが、スーさんがきっかけになってくれました。

スー　土岐さんはすごく魅力的な血の通ったお話をされるので、それが歌になったらいいなと思ったんです。私の友達は「SU SA MIN」（60ページ）が一番、心にドスンとくるって言ってますね。「わかる！」って。

土岐　あの歌こそ、本当にすさんだ気持ちのときに書いたんです。いままで感じたことのないすさみ……、失恋とかじゃなくて、あの……老後の心配（笑）。

スー　（笑）。ありますね！

土岐　「お父さんとお母さんはいつまで生きているかわからないし、あなたはどうするの？」と、親から具体的な老後の話をされて、それでドーンと落ち込んで、なんにもやる気がしなくなっちゃって。歌詞の締め切りもあるのに、いま書ける歌ってこのくらいしかねえよ！　って感じで書いたのが、「SU SA MIN」。そういう壮絶な思いをして書いた歌詞でないと、共感してもらえないのかなって、変な気持ちもありますけど（笑）。

スー　「BOY　フロム　世田谷」も作っている間は何度も紛糾しましたが、土岐さんの「これを伝えたい！」っていう思いが、一貫して一番強かった。そしたら「わかる！」「耳が痛い！」っていう反響が一番大きかったですね。

自分で自分を後から嫌いにならないように

スー　「男性社会」と言うならば、音楽業界、アーティストの世界なんてよほどそうだと思うんです。「土岐さんの歌を歌う」のは土岐さんにしかできないから、足元をすくわれるようなことはないと思うんですけど、じゃあ、それですべて優遇されるかというとそうでもない。苦労は同じだと思います。普通の人とそんなに変わらないんじゃないかな。たぶん歌を作ったり歌ったりする人って、地味ですよね。

土岐　そうですね。それこそ歌う人は、自分の歌がどうしたらもっとよくなるか、ということをずっと考えているから、こうやって話していても、「この人の発声法は……」とか無意識に分析したり。そういう人が多いと思いますね。

スー　いま「好きな仕事をやれていることに感謝！」みたいなことを、まず最初に言って、それを枕言葉にしないと発言できないような、世の中の窮屈さを感じるところではあるんです。でも、私を含めて、流れに乗ってそこに導かれた人は、それがやるべき仕事だったんだろうし、やりたくてしょうがなかった仕事に就けた人は、ものすごく努力をしたわけだし、そのどっちもしていない人に、何か言われる筋合いはないなと思いますけどね（笑）。

土岐　そうですね（笑）。

スー　土岐さんも私もたぶん流されてここまできたところはあるけれど、世の中に出すものは一個一個手を抜かないとか、自分で自分を後から嫌いにならないような物を作るということに関しては、けっこう真摯にやってきているのではないかと思います。それはでも、私はサラリーマン時代もいまも変わらないですね。

土岐　私はだからこそ、周りに影響されちゃうことも怖かったりします。制作期間はなるべく他の人の曲を聴かないようにしたり、テレビもあんまり観ないようにします。自分の「本当のところじゃない」と、後から聴いたとき、それが恥ずかしくなったりするんです。

「どんな仕事にでも就ける」と言われたら何をやってみたい？

スー　いまやっている仕事で文句はないですが、いまの自分と全然違う世界を見てみたいっていうのはありますね。ヘッジファンドで働いたり、ストックディーラーとかやって30億円くらい貯金を作って辞めるみたいな、そんな人生（笑）。

土岐　私は、美大に行ってみたかったんですよね。

スー　美大まで戻る⁉（笑）

土岐　美大の予備校からやりたいですね。楽しそうじゃないですか。それぞれ同じことを勉強しているようでありながら、自分の物を作って、居酒屋で美術論を語ったりしてみたい（笑）。

スー　自己顕示の塊みたいな女ばっかりでしょ？

土岐　だから憧れちゃうのかもしれない。職業以前の話になっちゃってますね（笑）。

女子高出身ということで、大人になってから苦労したこと

スー　女子高出身も私達の共通点ですね。

土岐　女子高出身だと、男の人に対して、共学出身の人が身に付けているワザを知らないっていうところで、けっこう苦労しますよね（笑）。

スー　私達は大人になっても、「先生、男子が掃除しません」みたいなメンタリティなんです。だけど共学出身の女の子達は、どこをくすぐると男子が掃除するかわかっていて、うまく掃除させる。持ち上げて、火をくべて、薪をくべる。私達は男子のズルだと思っているから許せない（笑）。

土岐　（笑）。男性の即戦力にならないロマンみたいなものが許せなくて、「それ、現実にあるんですか？」って論破しようとしたり。

スー　詰めるね。詰め将棋やるね（笑）。

土岐　でも、絶対失敗するだろう、沈むだろうと思われていた、泥みたいな計画なのに、同じような

ロマンを持つ人と出会って、それなりに形になったり……。

スー　するんですよね。相手に敬意を持って期待しないとか、諦めることも知らないから、癖のある車に乗っている意識がまるでなくて、常に真顔でエンストしてる感じですね。恋愛でも仕事でもかなりのダメージ受けます。

土岐　それこそ好きで付き合っているのに、恋人に対する心からの敬意も、芽生えたのはつい最近ですね。

スー　すごくわかる。つい最近ってひどいね（笑）。菓子折り持って謝りにいきたい。でも、だから女子高が「悪」かと言われるとそうでもない。あれはあれでやっぱり「パクス・ロマーナ《人類史上最も平和な時代》」でした。

土岐　男子はすぐに茶化したり、読めない行動をとるのがすごくイヤで、小学生のとき、私は女子高に行かないとつぶれるって思ったんです（笑）。

スー　それもすごいですよね（笑）。

土岐　女子だけでやる授業があると、すごくのびのびした気持ちで、「この感じがあと6時間続いたら、私はいろんなことを言えるのに」って。

スー　私は歴史とか社会の知識が、病的に覚えられなかった。それで受験科目に社会がない学校というと女子大、女子高になる。世界史とか高校3年間ずっと赤点だし。

土岐　私もそうです。大学受験科目に社会がない。

スー　もう1個、2人の共通点、来ましたね（笑）。

土岐　古文も、脈絡なく覚えなきゃいけないのが苦手で。すごく好きだったバンドのことも覚えてないですから。

スー　すごくわかる！　それがおたくじゃない原因なの。

土岐　好きなポイントは覚えてるんです。でも誕生日とかは覚えてない（笑）。

スー　「好き」と「おたく」ってイコールじゃないんですよ。そんなクロノロジカルに覚えてないよ、と。記憶量が多くて、アーカイブができている人の方が、好きの度合いが強いみたいな感じはやめてくれ！　です。

渋谷区出身と文京区出身
それぞれの東京地図

スー　東京は23区ですが、自分の生活圏としての東京は何区だと感じていますか？

土岐　新宿区、渋谷区、世田谷区、港区、目黒区ですね。

スー　私の東京には、目黒区と世田谷区が入らない。文京区出身なので、そのかわり中央区と千代田区が入る。

土岐　渋谷区出身の私は、中央区と千代田区は絶対に入らないですね。

スー　渋谷区、新宿区、港区は、ハブ空港みたいなものだから、生きていくための出稼ぎ地域じゃないですか。それ以外だと私は文京区、中央区、千代田区、台東区とかです。

土岐　私は銀座なんて越境ですね。

スー　みんな東京は真ん中だよっていうけど、東京の中でもまたいろいろあるんだよと言いたいです。土岐さんの見る東京と、私の見る東京は違いますよね。出稼ぎ地域としての、新宿区、渋谷区、港区があるから、同じ原風景を持っているけど。

土岐　でも港区を出稼ぎ地域だと思えるというか、そこに仕事場を持つ発想は私にはないですね。

スー　港区は出稼ぎの宿場ですね。昔の『東海道中膝栗毛』の時代の品川イメージ。

土岐　あのへんは全然知らないですね。六本木は、父★2がよくライブをやっていたから、幼稚園くらいまでは行ってました。ちょっと前の青山みたいな雰囲気で、上品なイメージがありましたね。露天《るーてん》っていう、真っ白で、カウンターだけのおしゃれな中華そば屋があって、メニューも、青菜と椎茸だけの青菜椎茸そばとか。細い麺で、若いお姉さんが食べている。

スー　私は六本木は、バブルの頃、スクエアビルの全階にディスコが入っていて、日中すべてのディスコを自由に行き来できるパーティを6大学のインカレサークルが資生堂のタイアップでやっていたのを覚えてます。私は顔が老けていたし、

土岐　いまほど世の中が厳しくなかったので、中学3年のときにそれに行ったんです。景気のいい町でしたね。アメリカンスクールに通っているような子がいたり。

スー　私はまったく知らない世界です。スーさんは歳が変わらないのにそういう時代を知っている感じありますよね。

土岐　私がギリギリ、たぶんバブルの片鱗を、大人の垣根の向こうに覗けたぐらいの年齢ですね。

スー　渋谷区だけど、恵比寿もちょっと遠く感じます。「恵比寿は誰のもの論」ってありますよね。恵比寿ははたして誰のものなんだ。

土岐　恵比寿はみんなにとって均しく恵比寿な感じ。

スー　誰にとってもアウェイ、それが恵比寿。っていうか誰にとってもホームが気取れるアウェイって感じかな。

土岐　私は代々木上原出身っていうと、おしゃれなところでいいねって言われるけど、当時はただの商店街で、コンプレックスがありました。笹塚最高！　もっと笹塚に行きたい！　って思ってました。

スー　笹塚！　なぜそこを？（笑）

土岐　笹塚には大きなスーパーがあって、サーティワンもケンタッキーもロッテリアもあった。ファーストフードが3つもあるなんて、すごい町じゃないですか（笑）。

スー　（笑）。

土岐　町の移り変わりは早いですよね。東京って言っても、半分は東京じゃないっていうか、それが東京ですよね。原風景なんてどんどんなくなっちゃうしね。

スー　そうなんです。外からの馬力がないとまわっていかない町だと思いますね。

★1　土岐麻子（vocal）、沖井礼二（guitar & bass）、矢野博康（drums）のバンド。1999年、シングル「午前8時の脱走計画」でビクターエンタテインメントよりメジャーデビュー。2000年にファーストアルバム「That's Entertainment」をリリース。2004年に解散。

★2　ジャズサックス奏者の土岐英史氏。

SU SA MIN

す・さ・みん　ここで暮らすのは
す・さ・みん　やめて
す・さ・みん　ここはそう、私の
す・さ・みん　胸のなか

真夜中　ひとけのない
路地裏　サンダル履きで
自販機の　光の前
まぶしさに泣いた

パジャマの　胸のすきま
からっぽな　心の中に
こっそり　それは入り込んで
缶コーヒー　不味くした

「なにもかも時代のせい」
知らない私　つぶやいた
それから
きみに　名前をつけてみたんだ

す・さ・みん　ここで暮らしても
す・さ・みん　いいんだよ
す・さ・みん　ここはそう、私の
す・さ・みん　胸のなか

す・さ・みん　きみがいれば私
す・さ・みん　不思議だわ
す・さ・みん　なんだかラクになれる
す・さ・みん　気がするの

不安生まれ卑屈育ち
お安い　孤独と仲良し
毛並みは
お部屋の埃で出来ているの
フワフワの

「なにもかも誰かのせい」
ゴミを蹴飛ばしつぶやいた
もう分かってる
そろそろきみにさよなら

す・さ・みん　ここで暮らすのは
す・さ・みん　もうやめて
す・さ・みん　ここはそう、私の
す・さ・みん　胸のなか

す・さ・みん　きみといると私
す・さ・みん　きっとずっと
す・さ・みん　誰にも愛されない
す・さ・みん　気付いてる

す・さ・みん　さよならをしよう
す・さ・みん　いつかまた
す・さ・みん　誰かを愛してみたい
す・さ・みん　心から

す・さ・みん

夢

うとうとしていたらラジオがついた。
言語学についての番組で、私達の言葉がどうやって変化してきたかの考察。
出演者の言葉が変。
そして「日本という国があった頃はですね」だって……。

夢だった。ホッ。
起きると隣の部屋でカサカサ紙をたたむ音。
誰かいるんだっけと思ったが、いるわけない。
夢だよね……。

宣言

朝から言おう言おうと思っていたことを言います。
フレンチトーストは、ミルクよりヨーグルトでつくるほうが美味しいと私は思う。
ぜひお試しあれ。

金髪

今日会った同級生は当時のバンドメンバー。

まったく記憶にないのだけど、私が作詞作曲したオリジナル曲があったとのこと。

「モッパー」という、モップがけの哀しみを歌った曲らしい……。

恋の歌とか反体制の歌じゃないのね……。

気持ちがまったくわからない。

あと、金髪にしてきて一日中タオルをかぶって授業を受けていたとか……。

そんな大事なこと、まったく覚えていないことが怖ろしい。

おにぎり

明太子おにぎり美味しいなと思って半分まで食べてたけど、梅だった。

脳のシワ

自分にかけた呪いや魔法のような無駄な思い込みは、きっと脳で解ける。
脳にシワを刻みつけるイメージで、考え方を癖づける。
本当の心はごまかしてはいけないけれども。

ケーキ

ケーキの箱を持ってる人には、
妊婦さんと同じくらい優先的にしてさしあげたい。

雪だるま

深夜2時の帰り道、マンションのエントランスでかっこよくしゃがみ込み、
黙々と雪だるまをつくりはじめている女の人がいた。
ひとりきりで。たぶん同世代。たくましい。
明日そこの前を通るのが楽しみ。

日記

いろんなことをすぐ曖昧に忘れるから、
今日は何日か前の一日を、一日かけて少しずつ思い出して、
ものすごく丁寧に日記を書いた。
記録もできたが、自分の心のいろんなことに気付いて驚いた。

人見知り

人見知りなので上手にコミュニケーションが取れなくて、
というのを言い訳にできるのは子どもだけだよなあ。
人見知りのまま相手に委ねているときの心の状態は、
サービス精神と優しさが足りない。

私は元来人見知りなので、知っている。

春夏秋冬

冬は、誰も踏んでいない雪道を歩くこと。
春は、誰もいない満開の桜の林に行くこと。
夏は、一面の向日葵畑へ……、というのがわたくしの夢。
どうやら広いものに小さいものが密集している状態に圧倒されたいようだ。
少しずつ叶えてみたい。
秋は、とくになかった。たくさん寝たい。

干し椎茸

朝起きて干し椎茸がぶんよりもどっていると、絶対笑顔になる。おは！

ひよこちゃん、
寝起きは
ぱっつんぱっつん

みかん

剥いたみかんを一口でいって、女終わってるなと実感した。

ふぁ

ファンキーかファニーか不安な音楽しか聴きたくない、いま現在。
ふぁ、のラック。

痛み

人の痛みは、近い経験をしないと知ることはできない。
作詞をするような人間で痛みの正体に興味を持たぬ人はいないはずだけど、
私は自分で経験するたび、もう何も書けないと思うほど打ちのめされる。
でも楽曲に反映できると満足する。
この満足たるや。
でももうその満足なくてもいいから、痛みを経験するのやだな。

ホワイト・デー

おはようございます！　ホワイト・デー！
今年は義理チョコをばら撒かなかったから、お菓子は手に入らないであろう。
自分のお菓子は自分で買います。

匂い

昨日までとってもいい匂いだったものが、いまはなんともない匂い。
気持ちひとつの問題で。ガラリと。

むくみ

足がむくみでだるいから、 こういう状態でお皿洗いをしたい。

ユザーンさん

今日初めてお会いしたユザーンさんから、
「土岐さんですか、長野にご在住の方ですよね！」と……。
せっかくの初会話の第一声なので否定したくなかったが、どう考えてもそうじゃなかった
ので否定した（笑）。

ＩＫＥＡ

私が男性だったら、妻にガミガミ言われ、つかえないと蔑まれ、
死んだ目でＩＫＥＡを連れ回される（©ジェーン・スーさん）タイプだっただろうな。

ダイエット

男性がダイエットしてほっそりすると、なぜかガッカリしてしまう。
なのでさっき、
少し太ったから痩せたいと言う男性に
「夜9時以降に揚げ物とご飯食べると痩せるよ」と言ってみたところ、
「まじで！　ミラクル！」と本気にした。
よかった。

スヌーズ

朝、5分置きのスヌーズで3時間寝坊した。
ということは50回はアラームが鳴り、
自分で止めたわけで、
夢、うつつ、夢、うつつ、の繰り返しで、
結果、夢と現実の思考が交錯していって、わけがわからなくなりかけた。
これはとっても危ないと気付いて、目が覚めた。

薄翅蜉蝣

ウスバカゲロウのことを、「薄バカ下郎」みたいなことだと思ってた。
子供の思い込みあるある。

ガリガリ君

帰宅してみると少し残念なことが起きていた。
ヤケになってガリガリ君を食べる途中、ふと
「こういうのって当たりが出るフラグなんじゃないか?」と気付き、
どこかで冷静に期待しながら食べ終えてみると……見事に外れだった。
寝るよ寝るよ。

ひよこ劇場
みちこ
35歳　OL
ひよこ
♂　みちこの同居人
恋人？　友達？
作・画　土岐麻子

生まれ変わったら何になる？
“ドキドキ！　選べるひよこちゃん
来世トッピングセット”

コンビニなどで拡大カラーコピーして切り取り、ひよこちゃんに重ね合わせて写真に撮って、インスタグラムやtwitterで披露してください。200％に拡大すると、ひよこちゃんの身長が約7cmになります。

傘の持ち方

その持ち方危ないよ

あまのじゃく

ボサボサ

人って
誰も気にしないことを
気にするよね。

愛のでたらめ

壁紙をすべってゆくヘッド・ライト
肌をなでるように照らした
もうひとつだけと言い訳して
チョコレート手をのばす
一瞬は　ひとつぶの　光る砂
とても甘い
時計の針が私たち　責めるように刻む

遠くで叫んでいるサイレン
近くの雨音は静かで
髪をとかしてゆく指先

くすぐるよう響いた
もう忘れた　はずでしょう
どうしてまた　ここにいるの？
ただこの引力の正体を　確かめてみたい

頭をめぐる言葉はつめたいシンクへ流そう

ああ　愛のでたらめ
きみの右手と私の右手で
拍手をしようよ　二人の奇跡に
もつれた　リズムで
きみの3拍子と私の4拍子
12拍目で出会うそのときに
言えるの　好きだよ　ああ　愛は　でたらめ

きみの弱さを利用してる
きみも弱さを利用してる
しみこむように月は見てる
雨上がりの窓で
ひとさじの　憎しみなら
あったほうが　おいしいもの
互い違いの心でもいい
刻みつけていたい

溢れるうしろめたさグラスに満たし飲み干そう

ああ　愛のでたらめ
きみの右手と私の右手で
拍手をしようよ　二人の奇跡に
もつれた　心は
きみの3拍子と私の4拍子
12拍目で出会うそのときは
言えるの　好きだよ　もう　愛はでたらめ

壁紙は白く色あせて
肌をあられもなく照らした
いつのまにか夜があける
チョコレートとけてゆく

休日

おすしだったら外に行くひよこ。

タオル

身体を拭いて濡れたタオルを
布製品の上に置きっぱなしにして
平気な感覚のひよこ。

本能

友達食べちゃだめ。

グリルひよこ

使用前使用後

猫

猫はかっこいいな。

小顔

2年ぶりに会った大ちゃんを使って
小顔効果。

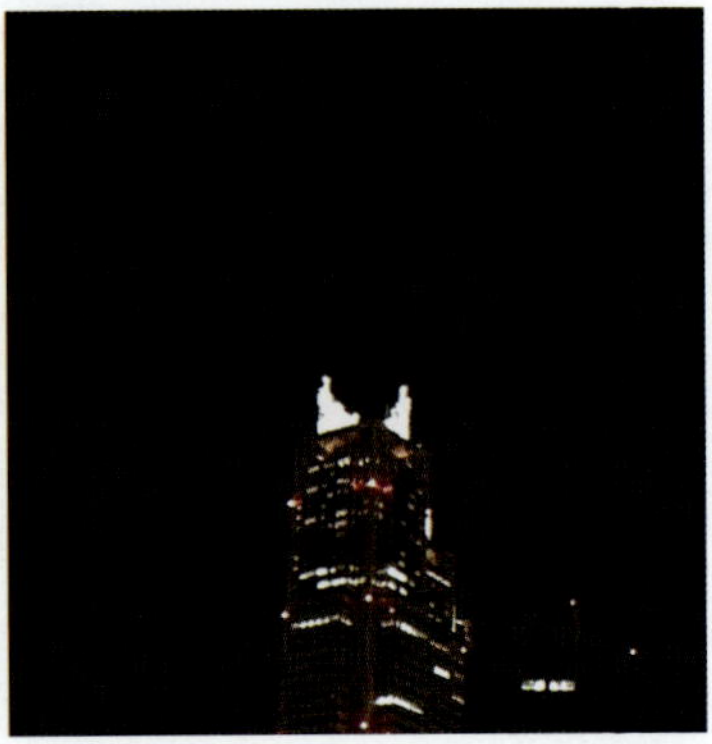

猫ビル

いつも猫に見える。

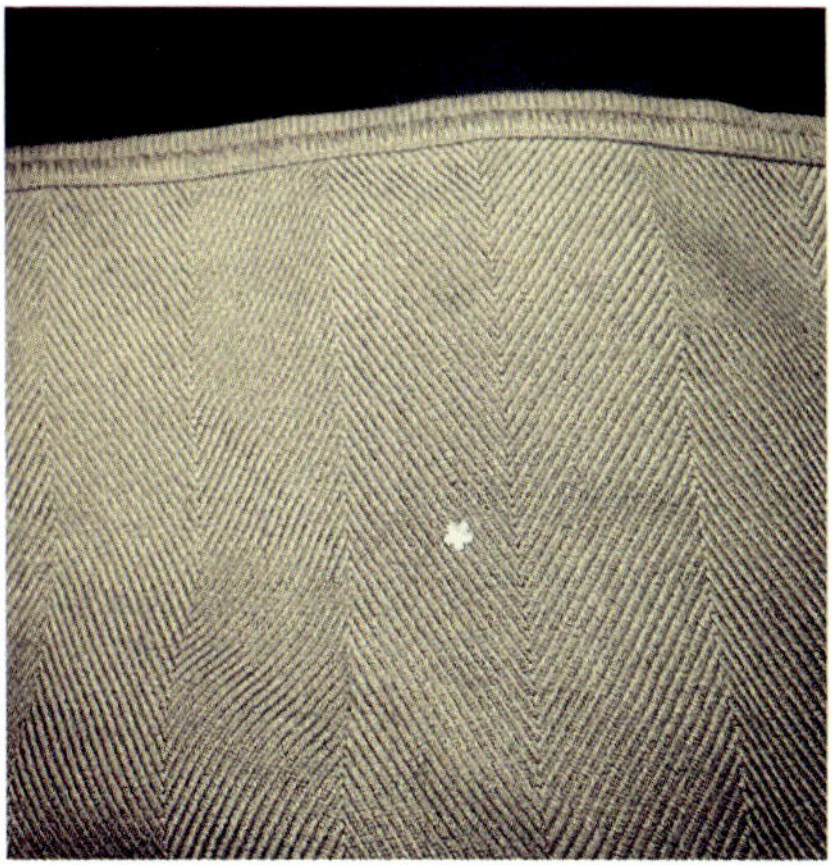

ブランケット

飛行機のブランケットに花シールくっついてた。
たぶん私の前に子どもが使ったな。
かわいい。

エクレア
甘平線の美しきことよ。

ワイン

表面張力という名の優しい暴力。

1歳頃

3歳頃

5歳頃

故郷の代々木上原を訪ねて

4歳頃

か布地、量によって乾燥
時間が異なります。適当
な時間をお選び下さい。
うお互に気をつけましょ
う。
店内および機械の清潔を
保つよう心がけましょう。
Coca-Cola
ピークシフト自販機

5月5日
こどもの日

大黒

3歳頃、代々木八幡の地蔵通り商店街にて両親と

故郷について

1976年。渋谷区。

私の人生がスタートしたのは、某商店街の奥の路地にある、角ばったマンションだ。


入り口には、3台分の駐車場。我が家の赤いホンダシティが停まっている。

マンションの白い壁を見上げると、5階まで続くベランダは正面から陽射しを受け、カラフルな洗濯物が風にはためく。どこかの奥さんが布団をはたく音がボンボンと呑気に響く。周りの建物のなかでは、ひときわドスンと大きな建物だった。


一方、裏手にまわると、洞窟のようなコインランドリー。

しっとりと暗く、妖しいその壁には、演歌歌手やボクサーのサイン色紙が並ぶ。

真ん中のスペースには、インベーダーゲームの卓がいくつかと、スタンド式の灰皿、缶ジュースの自動販売機などが配置されていた。

通り側にはエッチな本の自動販売機があり、夜になると男性が人目を忍んで買いに来る。路地をつんざく音を聞くと「あ、誰か買ったな」と思う。

そして、コインランドリーの奥に、当時ですらも懐かしく感じるような、小さい銭湯があった。

マンション側の入り口と、銭湯側の入り口。

そのコントラストは、まるで朝と夜だった。

マンションには、とにかくいろんな住人がいた。

各階とも、廊下の左側は風呂無しの1Kの部屋。

右側はお風呂のある2DKの部屋が並ぶ。

1Kの方には、大学生、銭湯で働くお兄さん、名前は知らないけど駆け出しの女性のアイドルなど、若者が独りで暮らしていた。

2DKの方には、我が家のように幼い子供のいる家族の他に、やさしいお爺さんがやっている小さい新聞社、おしゃれなアパレルのゲイのカップルなど、人種はとりとめがなかった。

男も女もゲイも、住人同士は会えばよくおしゃべりをするので、それを見ているのが楽しかった。

おしゃべりなのは町全体もだった。

商店街には魚屋さんが2軒、八百屋さんが3軒、お肉屋さんも3軒、そしてお菓子屋さん、金物屋さん、乾物屋さん、お豆腐屋さん、鶏肉屋さん、酒屋さん、薬屋さん、氷屋さん、お茶屋さん、パン屋さんなどが立ち並び、ランドセルで歩けば「おかえり!」と声が飛んでくる。

いつも恥ずかしくてもじもじしたが、それでも魚屋さんが店先で焼く海老の串に吸い寄せられ、八百屋さんではちゃっかり焼き芋をもらって帰宅した。

1キロも歩けば渋谷があって、新宿があって、また少し歩けば原宿があるようなロケーションなのに、そこはポッカリ、〝村〟だった。

中学にあがる頃、私の一家は世田谷の町に引っ越した。

新しい商店街はマクドナルドがあった。コンビニも3軒あったし、制服で歩いても書店で立ち読みしても、誰からも声を掛けられることがなかった。思春期の女子には、少し居心地がよいような気がした。

大学に入った頃、ふとあの町を思い出すことがあった。

とくに感傷もなく、昔あそこに住んでいたな、と、ある日、好奇心だけで訪ねてみようと思い立った。

授業に向かう小田急線を途中下車して、なつかしい改札を抜けると、当時と同じく何十メートルも続くコンコース。

右も左も、コンクリートむき出しの空き地がガランと広がり、それは遺跡のように薄暗い。

足音が響く。ひたすら響く。

飽きる頃、外に出る。

「ここは……！」

まるでコンコースが時空のトンネルだったかのように、目にした商店街には面影がなかった。

チェーンの花屋に不動産屋に小洒落た雑貨屋……そして、なにより静かだった。あのおしゃべりは聞こえてこなかった。

変わらないものなんてなにもないというけれど、私がこの風景からいなくなったように、皆がここから去り、別の人がここに来ただけのことだ。

ふうん、と、とぼとぼ歩いて行くと、住んでいたマンションが見えてきた。驚くことに、まったく変わらなかった。

駐車場には見慣れた車、コインランドリーの壁には黄ばんだ色紙。ゲームの卓とアダルト本の自動販売機こそ姿を消していたものの、独特のいびつなフュージョン感はそのまま。

平成の町の片隅で、なつかしい昭和が手招きしていた。

それから時々、いまも、作詞で煮詰まったり元気がない時に、私はマンションを訪れる。コインランドリーの青いベンチに座り、スピーカーから流れる演歌を聴きながらボーッとする。

濡れた髪の知らない若者が洗濯機をまわす風景に混ざると、いつも自分の内臓が正位置に戻る気がする。

なにがあなたの個性なのか、なにがあなたなのかと問われればいつもよく分からないが、こんなふうに人々や町や時間のグラデーションを観察するとき、私は私を強く感じる。

土岐麻子は、都会と田舎、昭和と平成、夜と朝の狭間にいるのかもしれない。

あとどのくらいまでこのままなのか分からないけど、この場所が変わらないでいてくれたら、とても嬉しい。

iPhone

電話でありメールでありネットであり目覚ましでありカメラでありラジオであり地図であり店でありレシピであり音楽でありレコーダーでありメトロノームでありネタ帳であり。もはや私であり、あの人でありこの人である。

でもその辺だけはこの端末で完結してはならぬ。というメモであり。

でも、もしこれで匂いがかげるようになったら、もう1ミリもここから出ないかも。

もちとさく

もちもちが好きだがさくさくも好きだ。
もちとさくが両方あれば幸せ。どちらも失いたくない。

コンビニ

コンビニの有線にて、2小節に1度〝明日も頑張っていこうぜ〟と歌われる曲が流れていて、たぶん64小節ぐらいは聴いたから計32回ぐらいは〝明日も頑張っていこうぜ〟と言われたことになります。なので、さすがに明日も頑張ろうと思いました。オフだけど。明日。

グレー

グレーばっかり着ている。白黒はっきりしない。しかし、それぞれのグレーを重ねたときに出る、微細ながら歴然たるニュアンスの差が好きなのだ。

二代目

二代目アル・ジャロウを襲名する契約をする夢を見た。
無理無理と言って逃げた。無理だよ（笑）。
練習しなさいという夢だろう。最近ずっとワタワタしてたから。
毎日しなきゃ。

イライラ

イライラしたら、口をあけて目の焦点をぼかしてアホの顔で数秒いると、
けっこうちゃんと初期化されるよ。
お試しあれ☆

反省

1秒以上反省しないことにした。

反省柄。

雨

歩いて帰ってる。空はゴロゴロ。これから使う道はすべて住宅地の路地。

タクシーもない。逃げ場もない。びしょ濡れになるだろうな。

もういいや。どうせ今日は。

夢

雨に濡れたら今朝の夢がよみがえってきた。

時は70年代、私は売れぬタレントで、超グラマー。

水泳大会のポロリをつとめる覚悟をするのだが、
水中カメラマンと水中で恋に落ち、番組を抜け出す……。

遠ざかるパフパフの音を聴きながら、もう芸能界には戻れないな、さよなら、と思う夢。

前世かな。

面接

今日はとあるオーディションを見に行った。
たった数分ずつの持ち時間。
その人の隙みたいなものを見たいなと思いながら見た。
隙を見せるのも才能なのでしょう。

私もかつて、楽器のオーディションや就職活動の面接をいくつか受けた。
そして、やり取りでカチンとすることがけっこうあった。
それはきっと隙をつくって本質を見るための意地悪質問だったのでしょう。

♪いまならわかるー

私の場合はカチンときたものほどうまくいった。

窓

今日は昨日よりぐんぐん不足なく
毎日明日が楽しみだって
思わせてくれてありがとう
私の今日とあなたの今日を、
いつか答え合わせできたらな
雨降るかな
私この窓の形ほんと好きなのよね
ネットで買ったスニーカー再配達
はやく来てほしい
頭洗えないじゃん
さすがに宅配ボックスないの不便だよなぁ
あのシャンプーも残り少ないから

一緒に注文すればよかった
でもこの部屋
更新しちゃったばっかりだしな
そういや最近フケ止まってよかったな
あの新宿の家、間取りはよかったけど
あの辺後輩住んでるし、
ゴキブリ出るっていうし、
それよりいつかハワイとか住みたい……

今日は、窓の外をおセンチに見つめる
女の子を見ました。
こんなことを考えていたに違いない。

目の前で泣いている
友達は、
やっぱり綺麗だった。

「もう終わっちゃったの」

そう言って、私の友達は泣いてしまった。

仕事の話、共通の知り合いの話、運ばれてくる料理について、ついさっきまで滞りない絶好なグルーヴを見せていた私達だったが、恋の話に及ぶと、彼女はみるみる目に涙を溢れさせてしまった。

胸がつまる。なんと言っていいか。言葉につまる。

彼女が彼と一緒にいる姿は殆ど見たことがないし、2人の間に起こったであろういろんなことを、私は知らなさ過ぎる。

隣のテーブルに水を注ぎに来たウェイターが、こちらへ寄らずに引き返して行った。賑やかなレストランのなかで、泣いている人はぽっかりと静かで、なんだかこのテーブルだけ時間の流れから抜け出したように思える。

キャンドルに照らされながら静かに涙を拭く彼女に、うっかり「綺麗だな」と見とれ、そして、殆ど無意識に「終わってないよ。」と言ってしまった。

なぜそんなことを言っているんだろうと自分で驚きながら、瞬間的にいろんな涙のシーンを、一気に思い出した。

＊＊＊

私には、4つの記憶に残る涙がある。


ひとつめは、中学2年生のとき。

ダンス部、というその牧歌的な響きとは裏腹に、それは体育会系な部活だった。

合宿では毎朝、大縄跳びをする。

女学生達が和気あいあいと優雅に……ではなく、この大縄跳びこそが当時の私の、人生最大の恐怖だった。

総勢50名ほどの部員がひとりずつ縄を跳び、200をカウントする。各々4回くぐり抜ければよいだけの話だ。しかし、一度でも止まったらまた1からやり直し。199回目で突っかかっても、やり直し。

上下関係の厳しかった50人の間で、失敗を笑い飛ばすムードは許されない。後輩が止めてしまえば先輩が舌打ち。ときに「っざけんなよ!!!」と怒号が飛ぶ。

群舞のための連帯責任を学ばせたいという算段だろうが、そのプレッシャーおよびその他のハードな運動量から、ランニング中に吐く部員もいた。

そんな日々を生き、秋、数十校が集まる全国大会。演技を終え、優勝発表のときを待っていた。

手を繋いで息を殺した私達が、「はばたき」という演目をアナウンスする声の「はb……」あたりまでを聞いた瞬間、見事に全員一斉にどっと涙を流した。そして、大騒ぎ。

自分が泣いていることに爆笑しながら、先輩後輩関係なく、ギャーギャー狂乱した。こんな涙があるから、皆あんな日々を過ごしていたんだと、どこかで妙に納得しながら。

暑苦しく、はためには少々ウザい、劇画タッチの涙だった。

＊＊＊

ふたつめは、26歳のとき。

そのとき私は、バンドでメジャーデビューをし、4年目を迎えていた。

バンドに対する逡巡が増え、いつからか脱退するタイミングを考えるようになっていた。代わりに、ソロでどのようなことをどのようにやっていくか、いつも考えていた。

しかしCDがどんどん売れなくなってきていた当時の音楽業界で、若くもない女が新しい提案をし、そしてそれまでと同じくらいの安定を得ようとすることが困難だということは、充分に分かっていた。

ある日の夕方、洗濯物をたたみながら当時の旦那にそんな話をしていると、ふと彼が「音楽やめるって選択はないの？　結婚してるんだし、わざわざ歌いつづける必要もないでしょ」と言った。

そのさりげない言葉を耳にしたとき、心がこなごなに粉砕される音を聴いた。

一家の主としての甲斐性や、妻が日々じたばたしている様子を見かねた、彼なりのやさしさだったのかもしれない。きっとそうだと、いまは思う。

しかし、なにかとてつもないものを否定された気がして、訳も分からず動揺した。洗濯物をたたむ手は止まり、なにもする気が起きなくなった。そして夜、彼のいないところで声を殺して泣いた。

音楽に対する気持ちを分かってくれていなかったんだ。私の歌が好きだと言ってくれていたのに。一人になったらどうせ上手くいかないって思っているんだ。

世間から、私の歌は求められていない、望まれていないのだろうか。

「結婚されましたけど、今後も歌っていくおつもりですか?」と聞いてきたあの無礼なインタビュアー。彼も、きっとそんなふうに思っていたんだろう。

誰もがそう思っているのかな。

私に味方っているのかな。

そんなことが心をぐるぐる巡りながら、泣けて泣けて仕方なかった。

悔しくて、痛くて、キリのない涙だった。

＊＊＊

みっつめも、同じ頃のこと。

その頃、友人が癌の治療をしていた。

彼とはバンドのサークルで同期として知り合い、いつも同じグループのなかで、泣いたり笑ったり怒ったりなんだりしながら、青春にまつわるあれこれを共有した一人だった。

彼は卒業して癌にかかり、一時は退院をしたものの、その頃は治療に専念するため広島の実家で暮らしていた。

彼は入学当時から、同期の誰よりもおじさんぽく、世の中を少し斜めから批判するスタイルが、同い年の私には老成しているように感じられた。

学生時代はなにか迷うことがあると彼に電話し、少し憎たらしいことを言われて小競り合いしながらも、本心ではとても頼っていた。

治療のために広島に帰ってからは、夜になると、彼から電話が鳴ることが増えた。音楽の話、仲間の話、そして治療の話までも、相変わらずのジジくさい目線で語るので、いつも爆笑していた。

しかし、ある日彼は極めて穏やかな口調でこう言った。

「もうほんとに死ぬことは怖くない、いつでも大丈夫だと思ってる。ただ、ばあちゃんを遺していくと考えると、それだけはやり切れない」

そんなに切迫してるのかと愕然とした。

その後から電話の頻度はペースを上げ、内容も少しずつ変わっていった。弱音やこちらに何歩も踏み込んだことを話してくるようになった。

頼りにしていた彼に頼られていることが、なんだか怖くなっていった。

例の音楽活動への逡巡や結婚生活の慌しさに、電話を取れない日も多かった。

20代後半、他の仲間もきっとそんな時期だったのだろうと思う。

「留守電にのこしたのに、あいつから返信なかった」

「みんな忙しそうだな。いいことだけど、さみしいな」

「そんなに忙しくなんかないよ、私なんてさー、」

と、なぜか否定してしまう自分の浅はかさに、呆れた。

東京にいて、仕事でのスタンスが変わったり、家庭を持つようになった私達と、広島で闘病している彼との距離感。

着信履歴を確認しても、メールで返してしまう日もあった。その心苦しさから逃れるように、また彼からの電話から逃れた。

そのうちに少し音沙汰がなくなり、ある朝、彼の訃報の電話を受けた。

すぐ出したメールは、謝罪のメールだった。彼はもう読まないのに。

ずっと寂しい思いをさせてしまったのではないかという後悔と、彼がもう存在しないのだという寂しさで、それから2カ月、くよくよ泣き続けた。シャンプーしているとき、歯磨きしているとき、食器を洗っているとき、帰り道、声を出して泣いた。

申し訳なくて、そして恋しい涙だった。

＊＊＊

よっつめは、今年のはじめのこと。

年明けからしばらく、私のマネージャーは、アルバムの作詞のために殆ど外の仕事も入れず、私が自宅でじっくり作業が出来るように、はからってくれていた。

デモの音源を聴いて詞をあてはめ、ピンと来なくて書き直し、焦り、提出出来ないままに一日が過ぎ、イライラし、自分にがっかりする。

そんなことを繰り返しているうちに、気付いたら誰からの電話も受け取れなくなっていた。大好きな友達からの電話も、鳴っているのを見るだけで、どうしても取れない。声が出なかった。どんな声を出していいのか、分からなかった。

やっと提出すると、誠実なスタッフにより、すぐメールで疑問点や改善点が返って来る。OKにならなかったことによって、この数日間、なにをやっていたんだと自分を責める。そしてまた同じ日々を繰り返す。

誰にも見られずに、なにひとつ一日の結果を残せなかった自分が、まるで透明人間のように感じられた。

生きた証もなければ実感もない。

それでも作業が少し進み、ホッとしたある日、チョコチップクッキーをひとくちかじった3秒後に私は泣いた。

涙がボロボロボロボロ出てきて、驚いた。本当に本当に美味しかった。

コンビニで買った一枚150円のチョコチップクッキーだった。物凄く美味しかった。甘味と旨味を、味蕾という味蕾から受け取れるだけ受け取って、それが全身に伝わっていくビジュアルが浮かんだ。

「ああ、おいしい……」

涙をこぼしながら、ひとりつぶやいた。

と同時に、これは絶対におかしいぞ、と気が付いていた。

美味しいだけではこんなに泣かない。それにこのクッキー、以前も食べたことあるけど、そこまでの味だったか？

美味しかっただけではないのだ。

そう、この数カ月で、はじめて願いが叶ったのだと分かった。

納得のいく歌詞を書きたい、とか、チーム皆に認められる歌詞を書きたい、とか、さらには疎遠になってしまった好きな人と連絡を取りたい、とか、すぐには叶わない願いをかかえて、じっとしていた。しかし、ずっと食べたいなと思いつつもダイエットのために我慢していたチョコチップクッキーをかじるという、こんなくだらない願いが叶っただけでも、ちゃんと嬉しいんだ、と。

どんなにささやかでも、人間は願いを叶えて生きていかなければ。

ギリギリの、アホみたいな涙だった。

＊＊＊

涙達はいつも無意識に溢れ出して、そして、心の場所を思い出させるのだ。

中2の私には、ダンスが好きだったことを。先輩が怖かったから続けていたのではない。

26歳の私には、歌うことこそが自分の大切な本分だということを。

友達を亡くした私には、彼のことが大切だったことを。

こないだの私には、嬉しい気持ちや楽しむ気持ちでこそ、ものがつくれるということを。

中2の私はその後、翌年の全国大会を見据えて部活を続けようと決め、26の私は4枚分のアルバムの計画を立て、実行し、大切なひとへのヘルプから逃げないように生きようと決め、詞はその後、なんとか熱中して書けるようになった。

心の場所に気付いたら、とどまるか、進むか、振り返るか。涙が流れて流れて流れ切ったら、心がはじまるのだ。

＊＊＊

「終わってないよ。」

と私が言い出したのは、目の前の彼女の心が、体のなかでブンブンもがいているイメージが見えたからだ。

心がどこかへ動き出せば、彼女のなかで彼とのストーリーはまたはじまるのかもしれないし、あるいはほんとうにちゃんと終わるのかもしれない。

閉じ込められた蜂みたいにもがいている心が、いつか寂しくなって止まらないように、たとえなにも気の利いたことが言えなくても、そのときは寄り添っていよう。

目の前で泣いている友達は、やっぱり綺麗だった。

そこのあいだとここのあいだ

夕方、一人で韓国料理。
お店の韓国人のおじさんと
ニュースを観ながらケチをつけたり笑ったり、
楽しく喋っていたが、
朴大統領と舛添知事のニュースになったら、
無言に。
そこのあいだと
ここのあいだ。
そしてそのあいだ。
石焼ビビンパおいしかった。
950円。

夢

3本立てで夢にうなされた。

1本目は警察の妖怪と、2本目は海の妖怪と、3本目は巨乳の妖怪と闘って全部敗れた。

食事をしてお腹いっぱいで眠ると悪夢を見る、と、

「イエローサブマリン」でジョンかリンゴかポールかジョージが言っていたっけなあ。

思い出

生きていると思い出したくないことが増えるけど、
さらに生きてみると、思い出しても平気なことも増える。

制服

中学・高校の制服は、
モテないオーラが簡単に出せる制服として
有名でした。

大学のときの学食バイトは、
簡単に女の若さとオーラを消せるので
有名な制服でした。
だからいま、おしゃれがしたいのです。

対談　柚木麻子×土岐麻子
90年代は正解がすごく少なかったって思います。

柚木麻子

小説家

1981年東京都生まれ。立教大学文学部卒業。2008年『フォーゲットミー、ノットブルー』で第88回オール讀物新人賞を受賞。2010年、『終点のあの子』でデビュー。2015年『ナイルパーチの女子会』で第28回山本周五郎賞を受賞。他の著書に『嘆きの美女』『けむたい後輩』『王妃の帰還』『ランチのアッコちゃん』『その手をにぎりたい』『本屋さんのダイアナ』『ねじまき片想い』など多数。

土岐　柚木さんの『終点のあの子』（2010年、文藝春秋）の最初の描写を読んだら、どう考えてもこれは経堂だなと思いました。

柚木　どう考えても経堂です（笑）。

土岐　もしかして柚木さんは私と同じ鴎友《おうゆう》学園の卒業生かもと思ったら、恵泉《けいせん》女学園なんですね。

柚木　この駅の描写に反応してくれる人は、小田急沿線の女子高に通っていた人がすごく多いです。

土岐　すぐわかります。駅の向こうにモスバーガーがあるとか。

柚木　私達はたぶん、紙の雑誌を読んで育った最後の世代だと思うんです。マスコミが「これがおしゃれ」って言ったら、それが欲しいなって思って、可愛い女の子が載っている表紙を見たら、こんな風になりたいなって思っていた。いまだと「あいつは整形だ」「昔ヤンキーだった」とネットですぐにわかっちゃうから、それよりはインスタグラムに写真を上げている本当におしゃれな子の方が信じられる。80年代、70年代のものはみんな残っていて、2000年以降に出てきた人達は、厳しく検証されるようになったからわりと本物感があるんだけど、90年代にすごくイケてたものって、ほとんど潰えましたよね。キラキラしているものが紙で盲目的に信じられていたっていうのは、幸せだったんだなと思います。

土岐　なかなか情報にめぐりあえないから、雑誌が発売されたら、すみずみまで読んで、そこから想像してましたね。音楽雑誌でも、ミュージシャンが語っているひとことから、レコーディングの様子を想像したりして。

若いイケメンの男の先生を
死ぬほどいじっていました（笑）

柚木　女子高って「怖くない男の人＝イケてる」で、男の香りがする若いイケメンの先生達は本当に標的にされやすくて、私も一緒になってキャーキャーいじってたんです。

土岐　歪んでるんですよね。若い先生は自分より格下のもて遊ぶ対象で、中堅の先生は怖い存在、おじいちゃん先生はみんなで愛でるものっていう（笑）。

柚木　この前、母校へ行ったら、当時死ぬほどからかわれていたイケメンの先生が落ち着いたおじさんになっていて、みんなに「せんせい〜♡」って甘えられているのを見て、本当に申し訳ありませんでしたって思いました。

土岐　中学2年生のときに、まだ1年目の「としちゃん」ていう、若くて細くて、授業でちょっと性的な話題に触れたりすると声が小さくなっちゃうような社会の先生がいたんです。

柚木　としちゃん絶対いじめられる！（笑）

土岐　東急ハンズで売っていた血糊を友達にふくませて咳をして血を吐く役をやらせて、私は「ギャー！　先生！」って言う役をやって、としちゃんが蒼白になってオロオロしちゃうのを、みんなで見て楽しんでたんです。

柚木　ひどい！

土岐　去年、母校に行ったら、としちゃんがいて、すごく立派な先生になってました。

柚木　あの経験を経てみんな人格者になるんですよ。

土岐　「血糊事件覚えてますか？」って言ったら、「え？あれ血糊だったの？」って。

柚木　ほんといい先生！　女子高はけっこう女の子の残虐なところが出ちゃうんですよね。

土岐　ほんとすみませんって感じです。

共学出身の女の子
女子高出身の女の子

柚木　女子高の6年間が終わって、大学は共学で、男も女もなくワイワイするのって楽しそう！　と思ってたら、ちゃんと男女の役割分担があって、共学から来た女の子達が男の子を立ててあげるんですよ。

土岐　立てますよね。

柚木　みんな、しみついてるの。何それ？　と思って。土岐さんが通ってた早稲田大学はどんな感じでした？

土岐　私もびっくりしましたよ。みんな先輩の男の人の話を聞くときは、カバンを膝の上に置いて、こうするんです（足を揃えて姿勢を正してイスに座るポーズ）。女子高では机の上に足を乗せてた（笑）。下にジャージを着てるから。

柚木　男の人のバカ話を、「へー、すごく面白いですね」と言って、聞いてあげる能力が自分には本当にないってことにもびっくりしました。

土岐　女子高は、自分の思った意見をわりと躊躇《ちゅうちょ》なく言いやすいっていうのもありましたね。それが共学の大学に行ったら、「これは言っちゃいけないのかな？」「女は二番手なのかな？」って感じることがたくさんありました。

柚木　私の担当編集者はワセジョ（早稲田大学出身の女性）がめちゃめちゃ多いんです。早稲田ってリベラルに見えても、実は男の人数が多いから、男の人の声がでかいっていうのが聞けば聞くほどなんとなくわかってきました。島耕作が早稲田大学出身だっていうのも、「あっ、そうか」という感じです。ワセダンおそるべしです（笑）。

土岐　（笑）。私のマネージャーはずっと男性だったんですが、何故かいつも私が謎の「上から目線」になってイライラしてしまい、仲がギクシャクしていたんです。でも、男性マネージャー全員とそうだったので、これは私に問題があるんだろうなと。恋愛でも同じようなことで破綻したり喧嘩したりしていたんです。それで自分を省みた結果、男性は別の生き物なんだなと（笑）。生き方、やり方が違う。本当に理解できなくても、そういうものなんだなっていう理解だけは、少なくともするようになりました。

柚木　偉い！　大人の女性です。

土岐　っていうのは最近ですけど（笑）。

柚木　私は最近、普通に喋る男友達ができるようになったんですが、男社会に息苦しさを感じている20～40代前半の男性が意外といっぱいいて、そこでわかりあえるなと思いました。自分は昭和の男性が作ったルールみたいなものが嫌いなだけで、別に男性と合わないわけじゃなかったのかなって。

女性に対する要求が過去最大に激しい時代だと思うんです。

柚木　女子高では、やればとりあえずウケて全員笑うから、みんな芸をやることに躊躇がないんですよね。空気を読んでネタをやるってことが、よくわからない。

土岐　確かにわからない。思春期のとき、周りに同世代の男性がいないと、みんな妄想を始めるんですよね。ある人はジャニーズのおっかけになって、ある人は『聖闘士聖矢《せいんとせいや》』とかアニメにハマって、ある人は先生に恋して、私はミュージシャンやバンドですごく妄想していて、架空の物語やインタビュー記事を書いたりしてました。自分が、その人と知り合いっていう設定で妄想ノートを書いて回しても、誰もキモイとか言わずに、ウケてくれるんですよ。

柚木　だから、こういう風になられたんだと思う。ストッパーがなかったから。私もみんなが面白いって言うから、小説を連載してました。ニコニコしながら。

土岐　柚木さんの作品には、日本の女性だったら誰もが共感するようなところがあると感じます。「こんなこと言ったらダメかな……」って悩んでいるところを導いてくれる人が出てきますね。

柚木　メンターみたいな。

土岐　それで、主人公の女性がどんどん強くなっていくというテーマの本が多いですよね。

柚木　私はいま、女性に対する要求が、過去最大に激しくなっているなって思うんです。劣化しちゃダメ、綺麗でなきゃダメ、遊んでちゃダメ、ビッチは絶対にダメ、子どもは産まなきゃダメ、子育てちゃんとしなきゃダメ、子育ての手抜きは許さない、でも、働け。そんなことを全部満たしたら、普通に病気になるんじゃないかなって、毎日思うんです。女性誌を読んでても「これ全部できなくない？」っていうことがいっぱいあって、その後に一周回って、「頑張らないのがいい女」みたいな特集が必ず組まれるんです。それで、「頑張らない」の定義が、すごく頑張らないように見せるために死ぬほど努力をしてて、もう無理!!　ってなるんです。自分の人生には助けてくれる王子様は本当にいなかったし、周りを見てもいない。王子様は王子様ですごく悩んでて、一緒に頑張らなきゃいけない。となると、やっぱり女の子同士のゆるいつながりの中で、違いを認め合って、ゆるく頑張っていくのがいいんじゃないかなと思ってます。そこへ男の人が入ったっていいんです。

土岐　同世代の女友達がグループLINEでワーッと毒を吐いて、最終的にはおもしろ話で終わって、まあ、ここは目をつぶって、あそこはうまく要求してやっていくか、という感じで、いい方向になっていくことはありますね。家庭に2人きりだったり、会社の中だったりすると、本当に逃げ場がない。

柚木　女子会っていうと非常に楽しいムダな時間みたいに思われてるけど、意外と死活問題で、私も友達がいなかったら乗り切れなかったことがすごくいっぱいあります。

土岐　私の「Bittersweet」も、作り終わった後に、女友達に捧げるアルバムだなって思ったんです。

柚木　すごく感じます。

土岐　最終的に自分を救うのは自分自身ではあるのですが、助けになってくれるのは女性が多いですね。男の人には若干、女性に対する幻想という目に見えない圧があって、「この人にはここまで言えないな」とか「そこまで出しちゃうと悲しい顔をしちゃう」っていうのがある。自分が堕ちている場所から這い上がるために、一旦膿出しをするときに、ものすごく汚い部分を見せたり暴言を吐いたりするのを、女友達ならば笑ったり共感して受け止めてくれるんですよね。その途中過程で間違ってるよと思っても、水は差さずに、最後まで話を聞いてくれる。

柚木　蛇口を、めいっぱいひねってくれるんですよね。友達を救うことで、自分が救われることもありますし。

土岐　結局みんな、話しながら自分の問題について考えるというか、フィードバックしている。

柚木　だから最近、「出会いがない」っていう友達の話を聞いてたら、すごく自分も焦るんです。自分は結婚してるから関係ないとまったく思えなくて。なんで30代同士、40代同士が普通に恋愛できないんだろうって思います。北欧のミステリーだと、普通に40代同士が恋愛するんです。「北欧最高！」って思いながら読んでます。

土岐　仕事で行っていたフランスで、私と同世代くらいの観光協会の女性と会ったんです。彼女はワインが好きで、ブルゴーニュで観光の仕事に就いて、ワインバーで知り合った現地の人と結婚したそうで、「30過ぎて婚活するなら絶対にフランスですよ」と言ってました。フランスは年齢は本当に関係ない。上だろうが下だろうが。

柚木　日本はごく普通のコミュニケーションさえ面倒くさいという男性や、すごく若い女の子じゃないと嫌という男性が本当に多いですね。

土岐　男性は出産のリミットがなくて、若い女性とも結婚する可能性があるから、パートナーと出会いたいっていうよりも、女性はよりどりみどり選ぶって感覚なんですよね。

女性が大嫌いな女性が主人公の小説を書いています。

土岐　『BUTTER』（2015年現在「小説新潮」で連載中）は取材して書いているんですか？

柚木　モデルにした被告★1のブログをずっと読んで書いています。彼女はすごくバターが好きで、「だから太るんだ」と言われたりしているんですが、ル・コルドン・ブルーとかのクラシカルなフランス料理って、バターを1箱くらい入れるわけで、間違っているのは私達の方なんです。バターの味をわれわれが知らないということが、この事件の本質なんじゃないか、だからバターをいっぱい食べなきゃダメだと思って、彼女が好きそうな高級店にチャレンジしてみたんです。ロブションとかすごく高い店も、一生懸命行きました。いま、時間も出会いもないし、大満足して脳がとろける恋愛なんて、誰も経験しないじゃないですか。彼女はそういうことを自分は知っていると言い張っているんです。彼女の超突飛な話を読んでいると、いまの女の子って深い満足を知らないまま、焦らされて焦らされて生きているんだなって、すごく思うんですね。

土岐　ああ……、面白いですね！

柚木　彼女は女性が大嫌いなんです。女性はみんな私に嫉妬して足を引っ張るから、女の仲間なんていらないし、男の人に負けを認めて男の人を立てるべきだとずっと言ってるんです。言えば言うほど、この人、女性の聞き手が1人いたら、どうだったんだろうって思っちゃうんですよね。

土岐　『BUTTER』では女性の聞き手が現れますね。

柚木　女同士でつるんでいる人達が全員嫌いってところが私は一番気になるんです。この話で逆説的に女の子同士は助け合えるってことをすごく言いたい。それがなければ、自分もくじけていたかもしれないな、と思うことがいっぱいあるので。

オリンピックの年が決まったとき
震えませんでした？（笑）

土岐　毎回、最終的なところを決めて、そこに向かって書いていくんですか？

柚木　『ランチのアッコちゃん』（双葉社、2013年）や『嘆きの美女』（朝日新聞出版、2011年）は読んでいて人が外へ出て行く気持ちになる本にしようと思って書きました。外に出ないとダメとは全然思わないんですが、1日くらいは出てもいいんじゃない？　と言えるといいなと思ってます。土岐さんも作品の中ですごく前向きですよね。悲しい歌でも。

土岐　原型はもっと単純に悲しい歌とか、単純に恨みの歌だったりするんですが、ちゃんとみんなの中に浸み込む歌にしたいと思うので、スタッフやプロデューサーと話をして意見を聞くんです。意見を聞いて、ピンと来なくてこのままで続けようって思うこともあるんですけど、そうしているうちに、自分の中でどんどん考え方が更新されていって、最初は恨みの曲だったのが、理解できない男性の部分も愛おしく感じたり、振り回されるのも異性の醍醐味だなと思ったり。

柚木　ずっと悲しい歌でもあんまり浸み込まないですもんね。

土岐　「これは私の歌だ」と、聴いている人が主人公になれないと、音楽ってあんまり甘美じゃないなと私は思っていて、そこは〝音楽のロマン〟と私は呼んでるんです。たとえば説教ばっかりしている歌は誰も聴きたくないと思うし、共感できない幸せの歌も、悲しいだけの歌も聴きたくなかったりしますよね。恨みの歌でも、そんな恨みを持っている自分がドラマの主人公みたいでかっこいいとか、ロマンチックだなってところに落とし込めないと、その音楽を何回も聴こうっていう魔法は生まれて来ないから。

柚木　「魔法」ですね。いい言葉！

土岐　それは、すさんでてすさんでて、老後のお金のことが心配だって書きはじめた歌でも、そこに甘美ポイントを探していく作業だったりします。「SU SA MIN」って曲は、自分の心に入り込んできたすさみと余裕を持って対話しているようにすることで、自分の個性として愛おしく感じる歌になるかもと思って書きましたね。

柚木　甘美ポイント！　老後の話から（笑）。でも、悩みは一緒なんだなって思いました。私の父は亡くなって、母は自分の人生を駆け抜けるタイプで、夫は年齢的に私より早く死ぬと思うので、老後、私は本当に一人ぼっちになってしまう。東京の人って帰ることができる故郷がないじゃないですか。景観が変わるサイクルも早いですしね。

土岐　私の故郷は代々木上原なんですが、故郷は自分の心の中にある「代々木上原」なんです。昔は歩けば「おかえり！」って言ってくれるような商店があったんだけど、その人達も代替わりして、全然違う店が入っていて、いまコミュニティとして存在しないんですよね。そういう意味では実家に帰れば本家があってという人が羨ましい

です。オリンピックの年が決まったときに、すごく震えませんでした？（笑）

柚木　２０２０年に自分はどうしているんだろう、ってすごく不安です。

土岐　私もいいイメージがわかなくて……。そこで「まだ見ぬ俺の奥さんと息子とオリンピックを見るのが楽しみ！」とかワクワクできる人生ってどんななんだろうって、すごく思います（笑）。

柚木　老後って言うと全部ぼんやりしていて、特に私達の世代はモデルプランがないから超怖いけど、40歳くらいからリサーチを重ねて、やることをシステマティックにリストにしておくと少し怖くなくなるのではないかと思っています。日本では家族で看取るっていう考え方がまだ根強いですが、お年寄り同士の、ゆるいシェアハウスみたいなものもいっぱいできはじめているんですよね。

土岐　同じように不安を抱えている人がいっぱいいると思えば……。みんなで協力できたらいいですよね。

カヒミ・カリィの影響で失ったものについて真剣に語りたい！

土岐　いまの若い女の子って、ぶりっ子に全然抵抗ないじゃないですか。それがすごく羨ましいです。「ぶりっ子」って言葉、ありました？

柚木　私のときは、安室ちゃんとかスピードが大人気だったんです。だから早熟なこと、不良っぽさがかっこいいという説得力がありました。それがいまは、性的なニュアンスのある濁り方があっちゃダメ、男子にも女子にも好かれなきゃダメ、むしろ恋愛で右往左往しているのはダサいという感じが、確かに若い子の間にありますね。

土岐　やっぱりアイドルの影響ですよね。昔もＡＫＢ的なアイドルはいたけど、それは男性が好きなアイドルで、女の子はお手本にしなかった。いまの女の子はアイドルに共感して、お手本にしているから、みんな臆面もなく、ぶりっ子フェースで自撮りしますよね。私が子どもの頃は、斎藤由貴さんとかが出てきて、ぶりっ子は恥ずかしい、みんなどこか「私はあまり自意識がありません」みたいなふりをするムードでした。90年代のオリーブ少女も、ボーダーの服を着ているんだけど、胸があることは隠して、ブラジャーの上にさらしみたいなものを巻いて……。

柚木　胸が大きいとオシャレにならないんですよね。ふらりと飄々《ひょうひょう》と生きているふうに見えない。

土岐　カヒミ・カリィさんもぺったんこでしたよね。本当はどうなのかわかりませんが。

柚木　カヒミ・カリィさんのせいで私達が失ったものについて、本当に私は真剣に語りたい！（笑）彼女は女を惑わせる魔性の女なんですよ。彼女の影響でパリ留学を決めてしまった人は絶対いっぱいいると思う！

土岐　多いでしょうね（笑）。私がデビューした頃は、それこそカヒミ・カリィさんの影響が色濃くあった時代で、私自身もバンドメンバーもレーベルの人も、正解がすごく少なかったって思います。衣装を選ぶにしても、タンクトップとデニムしか着られないみたいな……。

柚木　わかる〜！

土岐　いまはそれぞれいろんなものが好きっていうことが許されている、いい時代だなと思います。

柚木　いまのいいところですね。

土岐　私もCymbalsのときに「うちのバンドのボーカルに胸はいらない」ってメンバーに言われて、当時多くの人が使っていたスポーツブラみたいなので胸をおさえてました。髪の毛もすごくロングかすごくショートじゃないといけなかった。いまは胸が大きい人も小さい人もそれぞれの良さがある格好をして、自由ですよね。

あのときのアイドルは、男の人の解放でもあった気がします。

土岐　最近まで、「シティポップ」っていう言葉を自分のアルバムのキャッチコピーに使ったりしてたんです。でも、懐古主義的なところは全然ないつもりで、やっている音楽はいまの音楽で、精神的なものをシティポップの先人達から借りようと思ってやっていたんです。でも、フタを開けてみたら、現代版シティポップシーンは焼き直しも多くて、私もそのなかに一絡げにされるのは違うと思って、シティポップが好きなことに変りはないんだけど、いまのシティポップシーンからちょっと脱却したいなと思って、「Bitterswee」を作ったんです。

土岐　いま、言われてすごくわかりました！

柚木　歌詞についても、自分にとって一見ロマンチックじゃない言葉を選択して、いかにロマンが作れるかというのをやったんです。

土岐　私は、「September」★2を歌っていらっしゃったアルバムを最初に買って、心地いいなと思ってたんですけど、「Bittersweet」は、すごくザリッとするところがいっぱいあって、苦味というか、そこがいいなと思いました。

柚木　よかった。そう言っていただけると。

土岐　自分で作って自分で歌えるミュージシャンはすごく幸せだなって思います。アイドルが大変だなって思うところは、自分が作った歌じゃないってところです。本当にいい曲が当たれば夢のようだけど、そうじゃないこともあるから。

柚木　確かにアイドルは自分から発信できないし、発信したら、アイドルとしてちょっと……。

土岐　それ、アーティストになっちゃいますよね。

柚木　アイドルの世界こそ、旬だとか古いとかいうことに、アンチテーゼを求められるところがあるじゃないですか。びっくりさせるというか。そこで素晴らしい書き手とタッグを組めたらラッキーだけど、そうじゃないと、くすぶっちゃったりする。そこも大変ですよね。

柚木　でもアイドルってコミュニケーションツールとして優秀だと思うんです。私、朝井リョウさんが目障りだったんですけど……。

土岐　そうなんですか（笑）。

柚木　『終点のあの子』でデビューするとき、これで私は日本の文壇に殴り込みと思っていたら、ちょうど『桐島、部活やめるってよ』（集英社、２０１０年）が同じ時期な上に同じ学園群像もので（笑）。でも会ったらアイドルの話で意気投合したんです。

土岐　（笑）。私のバンド時代のメンバーのドラマーがアイドル好きで、いまアイドルの仕事とかやっているんです。バンドをやっていた当時はまだ文化的な人でアイドルを好きって手を挙げている人が誰もいなかったんですが、2001年頃に、急にハロプロが好きなんだと言い出して、リーダーがすごくびっくりして、それはCymbalsとしてどうなんだろうと、ほんの一瞬、戸惑いのムードが流れたことがありました。私もそれを面白おかしくいじっちゃって、キモイとか言って。そしたら本気で怒っちゃったりして。

柚木　（笑）。

土岐　でもそのとき一緒にやっていた男性スタッフが、「いや、わかりますよ、俺も最近、気になって気になって、これは単純にかわいい女の子が好きってことじゃないかも」と言ったんです。そのメンバーは女子プロレスも好きなんですけど、そこに通じる女のドラマがあると。

柚木　通じる通じる。ハロプロは女子プロですよ。そこを自分の人生に重ね合わせたりして、そういう好きになり方があるんだっていうのが、驚きでした。

土岐　結局、当時反発していたリーダーも理解して、いまアイドルのプロデュースもやっているんです。

柚木　すごい！

土岐　あのときは男の人の解放でもあった気がします。

柚木　そうですよね。「好きって言っていい」っていうね。

★1　2009年に発覚した首都圏連続殺人事件の被告人。状況証拠のみで第1審、第2審ともに死刑判決。弁護側は判決を不服として最高裁に上告した。

★2　「STANDARDS〝土岐麻子ジャズを歌う〟」Cymbals解散後、2004年に初めて発売したソロミニアルバム。プロデューサーは父の土岐英史氏。

さよなら90s Girl

秒針が狂ってく人知れず　少しずつ
玉ねぎが真夜中　芽を出す　棚の隅で
ああ　嘆くのはやめて
そう　誰かの見てない瞬間が動き続けてる
それだけ

松見坂の霧に消えてく原付は
チャイニーズ・レストランのデリバリーの女の子
ああ　トンネルの向こう
そう　いつも急いだ
十年後の自分に向かい

彼女はずっと信じていたの
描いた夢の正しさを
違う未来を生きることなど
許せはしない

後ろの正面のあの子は
変わってゆく私責めるの
さよならあの日の私
Bye Bye 90s Girl
その手を放して

松見坂の霧をすべってくタクシー
アルバイトした店はとっくに　駐車場
ああ　トンネルを抜けて
そう　思い出してた
十年前の幼い日々

あれからずっと探し続けて
描いた夢を手放した
違う未来を生きているけど
いまを愛してる

後ろの正面のあの子は
変わってゆくことを嘆いた
さよならあの日の私
Bye Bye 90s Girl
その手を放して

後ろの正面のあなたよ
二年後すべてなくすけれど
やがて見つける世界は
きっと前より
美しいからね

勇気

久々に市販の甘い紅茶飲料を飲み、そのあまりの美味しさに嬉しくなったので、さっき家でも作ってみた。砂糖を入れども入れどもあの甘さに辿り着かぬ。震える手で「これ以上はちょっと無理」と思うまでやってみたが、結果全然足りない。降参。砂糖を入れる瞬間と生きた魚をさばく瞬間は要☆勇気。

男性諸君！

こんな夜にMichael Franks「THE ART OF TEA」最高。車でかかっていたら、女の人が落ちるアルバムベスト10に入るよ。男性諸君！

半年前

勝手に比較されるのはかまわないけど、
自分で自分を誰かと比較しだすと地獄。
でもどうしても抜け出せないなら、
いまのアイディアとか自信を全部徹底的に疑うことで、
きっともっと違う次元に行けるはず。
と思うしかないし、それで大丈夫。
と、半年前の私に言いたい。
とっても荒れたメモ書きが出てきた。

ライバルは観ない。

暇な大人

インスタグラムにくだらない写真を載せてヘラヘラ遊んでいたところ、友達の小学生の子供から「イイネ！」され、ハッと我にかえった。

暇な大人になってた。仕事に戻るね。

そう言えば、私の叔父さんはシャンソンのピアニストなのに、80年代に多重録音機を駆使して自分の部屋の電話の留守番テープの作成に異常な情熱を注いでいた。何十声も重ねたアカペラだったり、CMのパロディだったり、クラシック調のものだったり。でも歌詞はいつも「土岐です、ただいま留守にしております」だった。

両親から「新作できたみたいだから留守電になにか残してあげなよ（笑）」と言われて渋々電話し、「暇な大人！」とひと言残して切ったり……。

でも、私には暇な大人の血が流れているなあ、と最近思う。

親よりおじさんおばさんに似ることってよくあるらしい。

血なら仕方ないよね。

ドンキホーテ

昨日はスタジオに充電器を忘れてしまい、それに気付いた朝方、
ドンキホーテまで自転車を飛ばすも、シートが濡れていたため、
おもらし風のチノパンで買い物をし、帰りは空が明るくなったので、
このすっぴんを誰にも見られたくないぞと裏道を選んだら
クラブの前でまんまと知り合い達に会い、散々だった。

6月25日

マイケルの命日ですね。上の部屋からそれまで一度も音楽など
聴こえて来なかったのに、亡くなったニュースのあった朝、
「ビリー・ジーン」のベースラインが爆音で響いてきたことを覚えている。

ゴールデンウィーク

一昨年の私のゴールデンウィークは最悪だった。
去年のゴールデンウィークはとっても最高だった。
今年はハッキリ言って最低。
でも、怒りだろうが幸せだろうが喪失感だろうが、
休みの間にそれをじっくり噛みしめることができたという意味では、
毎年宝なのである。
まさに黄金週間。

10分

あと10分寝ようと、タイマーをかけて二度寝した。
夢の中で友達に「犬預かって」と言われて、
「いいけど、10分しか預かれないよ」と返していた。

自信

自信がないことをよく恋人に注意されていたが、
当時はどうしても克服できなかった。

別れて他の人と一緒になるとき、

「結局自信を与えることができなかったけど、彼はそれができるだろう」

と暗示めいたことを言われたが、意味がわからなかった。


その後、いろんな要因でさらに自信喪失の日々を過ごした。

みっともないから心の中におさめていたつもりだったが、
その彼にフラれる時、初めてちゃんと話をして、
その不信こそが心の距離を埋めなかったと自覚した。

……これ、ほんとにいいことないわ。ばか！
ということで、最後の最後で彼は自信をくれる結果となった。
そして、そんな予言の当たり方……。

自己評価が低くていい結果なんて出ないのは、
音楽においてもコミュニケーションにおいてもそう。
評価できないならやめたほうがいい。

自信を持たないことは自分の損しか生まない。
だから自信を持てるように頑張るのだ。

ほお骨

ほお骨削りたいなあ。
お土産は骨の粉。

餃子

今日はひっそり穏やかに集中して生きたい。
私はもう、餃子かラビオリに包まれたい。
カルツォーネでも可。

窓

〝光っている窓のひとつひとつのなかに、人がいるんだって〟

当たり前のそのことに気付いたとき、子供だった私はなんとも言えず不思議な気持ちになった。


「あの家はどんな間取りで、どんな人が住んでいるんだろう」

通学路にあった立派なマンションの塀によじのぼった。大きな窓の向こうには、広くてスッキリした、外国風の子ども部屋があった。あたたかそうなクリーム色の絨毯の上に、カラフルな木のおもちゃが転がっていた。


「あのビルには、これから知り合う人がいるだろうか」

家の窓を開け、新宿の風景を眺めた。まるでお城を眺めるシンデレラのような気分でうっとりとした。死ぬまで出会わない人もいるんだろうと思った。

「自分以外の人生って、ほんとうに存在するのかな。ほんとうは全部、夢だったりして」

学研の付録の双眼鏡で町を見渡し、その考えを否定する証を見つけようとした。答えはいまだに見つからないけど……。

ティンカーベルの粉がない代わりに、戸棚の大福の粉で飛べないものかなと想像してみたりした。そして私は宙に浮いて窓を抜け、一軒一軒の窓から人々の生活を覗き見た。

そういうことが、私のロマンの原体験だった。

30年以上経ち、いまは一人暮らしの部屋から夜景を見ている。その灯りの向こうは、こちらと同じく、幸せだけじゃなく不幸もある。

失恋に突っ伏すキャンドルライトの寝室もあれば、残業の蛍光灯のオフィスもあり、死を思いつめる間接照明のビジネスホテルもある。

それでも、ズラリと光る窓達の無言には勝手に勇気づけられ、強い親しみのようなものを感じてしまう。

まるで〝死ぬまで出会わない人〟達が、「こっちも生きてるよ〜」と手を振って教えてくれているようで。

そのお返事のように歌詞を書き歌おう、そしてそれが、明日の夜も彼らが灯りのスイッチを入れる力の一つになれたなら……

というのがいまの私の、ささやかなるロマンだ。

いま、私にとって歌とは、あのときの大福の粉だ。

あの窓の向こうに、どうにかして入り込み、どうにかしてその人に触れたいと思う。